글로벌틴 수련회 · 제자훈련 성경공부 시리즈

성장

풍성한 열매 맺기

권지현 지음

gtm

글로벌틴 청소년 수련회 · 제자훈련 교재의 구성과 사용법

수련회 · 제자훈련 교재

본 교재는 주로 2박 3일 혹은 3박 4일의 청소년 수련회를 위해서 만들어진 교재입니다. 또한, 이것은 청소년 제자훈련이나 리더양육교재로 사용하기에도 적합합니다.

교재의 구성은 영적수준에 따라 '영접', '확신', '성장' 의 3권으로 되어 있으며, 각권에는 4과의 성경공부가 들어가 있습니다.

하지만, '영접', '확신', '성장' 이 세권의 교재는 상승나선형의 형태를 띠고 있기 때문에 '영접' 편을 공부하지 않은 초신자가 '확신' 편이나 '성장' 편을 가지고 시작해도 큰 무리가 없도록 배려되어 있습니다.

교재의 구성과 진행 방법

성경공부의 각 과는 조원들끼리 충분히 아이스 브레이킹을 할 수 있는 '마음열기' 부터 시작하여, 그 과의 주제를 학습하는 '말씀듣기' 와 조원들의 소감과 기도를 나누는 '나눔 질문' 으로 구성되어 있습니다.

특별히 '말씀듣기' 부분은 주제를 환기시키기 위한 몇 개의 괄호 넣기를 제외하고는 내용 전부가 지문 처리되어 있어 조원들이 조금씩 나누어 읽기만 해도 큰 편차 없이 학습목표를 달성할 수 있도록 구성되어 있습니다(괄호 넣기 정답은 각 과의 끝에 있습니다).

성경공부 진행 시간은 마음열기 20-30분, 말씀듣기 20-30분, 나눔 질문과 기도 20-30분 정도로 진행하시면 됩니다.

수련회에서 사용할 경우, 2박3일의 일정에는 첫째 날 1과, 둘째 날 2,3과, 셋째 날 4과를 진행하는 것을 권장 드리며, 3박 4일의 경우는 둘째 날에 1,2과, 셋째 날에 3,4과를 오전 오후로 나누어 진행하는 것을 권장 드립니다.

부록 사용법

성경공부 뒤에 들어 있는 3일치의 큐티 내용은 성경공부와 같은 맥락으로 구성되어 있기 때문에 함께 사용하실 경우 훨씬 큰 효과를 볼 수 있습니다. 2박3일의 경우는 첫째 날 저녁과 둘째, 셋째 날 아침에 큐티 시간을 가져주시고, 3박 4일의 경우는 둘째 날부터 매일 아침 큐티 시간을 가져 주시면 되겠습니다.

또한, 부록으로 들어 있는 공동체 게임은 프로그램 중간 중간에 적절하다고 생각되는 것을 배치하셔서 활용하시면 수련회가 은혜로울 뿐 아니라 수련회와 훈련에 참여하는 모두에게 즐거운 시간이 될 수 있을 것입니다.

아무쪼록 이 교재가 우리의 가장 소중한 다음 세대인 청소년들과, 운영하기가 가장 힘든 청소년부에 도움과 축복이 될 수 있길 기도드립니다.

*본 교재는 개역개정판 성경을 사용하고 있습니다.

Contents

성장 – 풍성한 열매 맺기

예수님의 마음을 닮아가게 하시는 성령님

제1강

마음열기 - 듣기 성적표

듣는 기술을 익히는 것은 매우 유익합니다. 아래의 질문에 답하고 다한 후에 그것을 가지고 점수를 계산합니다(총점: 90점, 점수가 높을수록 듣는 기술이 좋은 것입니다).
점수: 1-6번 : 5(항상) 4(자주) 3(가끔) 2(거의 아님) 1(절대 아님)
7-18번 : 1(항상) 2(자주) 3(가끔) 4(거의 아님) 5(절대 아님)

1. 누군가 나에게 말할 때 내가 알아들었다는 것을 나타내기 위해 들은 말을 간단히 정리한다.(　　)
2. 나에게 말하고 있는 사람이 하던 말을 계속하도록 내용과 관련된 질문을 적절하게 한다.(　　)
3. 누군가 나에게 말할 때, 그들의 관심사에 나도 공감하고 있다는 것을 표현하려고 애쓴다.(　　)
4. 나는 나에게 어떤 말을 해도 좋다고 사람들을 안심시킨다.(　　)
5. 나는 사람들이 자기 말을 들어줄 사람이 필요할 때, 함께 있어주겠다고 말한다.(　　)
6. 나의 급한 일이나 관심사 때문에 다른 사람의 말을 잘 듣지 못하는 일이 없도록 한다.(　　)
7. 나는 내가 말할 차례가 되면 빈번히 주제를 바꾸곤 한다.(　　)
8. 내가 할 말이 있으면 다른 사람의 말을 가로막는다.(　　)
9. 나는 다른 사람이 말하는 동안에 어떤 것(펜, 머리 등)을 잘 만지작거린다.(　　)
10. 나는 나에게 말하는 사람과 눈을 마주치지 않는다.(　　)
11. 누군가 나에게 어떤 문제를 이야기할 때, 나는 그들이 나에게 특별히 요청하지 않더라도 그 문제에 대해 충고하고 해결책을 제시하려고 애쓰곤 한다.(　　)
12. 거의 모든 대화에서 나는 항상 내 자신에 관해 말한다.(　　)
13. 누군가 나에게 말할 때, 나는 다음에 내가 무슨 말을 할 것인가를 생각한다.(　　)
14. 누군가 틀린 말을 할 때, 나는 그것을 알리기 위해 한숨을 쉬거나 웃거나 농담을 한다.(　　)
15. 누군가 자신의 고민을 말하려 할 때, 나는 "난 네가 뭘 말하려는지 알아."라고 말하곤 한다.(　　)
16. 누군가 나에게 말하는 동안에 나는 "알았다니까", "어휴", "그래" 같은 말을 자주 한다.(　　)
17. 누군가 말하면서 주저할 때, 나는 그들 대신 그들의 말을 맺어주곤 한다.(　　)
18. 나도 누군가가 나를 불편하게 하는 말을 하면 그 사람을 꾸짖는다.(　　)

나눔 질문

1. 나의 듣기 점수는 얼마입니까?

2. 나의 듣기 점수를 높이기 위해서 가장 노력해야 할 부분은 무엇입니까?
(18항목 중 가장 성적이 낮은 항목을 참조)

말씀듣기

성경은 우리에게 어린아이가 아닌 그리스도를 닮은 온전한 사람으로서 성숙한 그리스도인이 되라고 말합니다. "우리가 다 하나님의 아들을 믿는 것과 아는 일에 하나가 되어 온전한 사람을 이루어 그리스도의 장성한 분량이 충만한 데까지 이르리니"(엡 4:13). 바로 이 일을 위해 하나님은 성령님을 우리에게 보내 주셨습니다. 성령님께서 하시는 첫 번째 주된 사역은 우리의 인격을 바꾸어 그리스도와 닮은 삶을 살 수 있도록 돕는 것입니다.

1. □□□은 누구시며 어떤 일을 하시나?

1) 성령님은 누구신가?

신약시대에 예수님을 주로 고백하는 자에게 주신 가장 놀라운 선물은 성령님이십니다. 성령님은 우리가 예수 그리스도의 온전한 모습에까지 자랄 수 있도록 우리 안에 내주하시는 하나님이십니다. 그러므로 신약 성도들은 성령님에 대해 잘 알아야만 하고, 성령님과 동행하는 삶의 놀라운 행복을 실제로 체험해보아야만 합니다.

하지만, 성령님 하면 하나님 아버지나 예수님에 비해 막연하게 느껴질 때가 많습니다. 그런데 우리의 보혜사(변호자, 중보자의 뜻)이신 예수님은 성령님에 대해 자신과 같은 또 다른 보혜사라고 소개해 주셨습니다.

요 14:16 내가 아버지께 구하겠으니 그가 또 다른 보혜사를 너희에게 주사 영원토록 너희와 함께 있게 하리니

이것은 성령님이 예수님과 성품과 역할에서 비슷함을 알려줍니다. 그러므로 성령님을 떠올리기가 어려우면 예수님을 떠올리십시오. 성령님처럼 예수님을 닮은 분은 없습니다.

2) 성령님께서 하시는 일

(1) 성령님께서 하시는 일은 우리 속에서 예수님의 말씀을 깨달을 수 있도록 가르치는 것입니다.

요 14:26 보혜사 곧 아버지께서 내 이름으로 보내실 성령 그가 너희에게 모든 것을 가르치고 내가 너희에게 말한 모든 것을 생각나게 하리라

돌비석에 새긴 언약을 가진 이스라엘 백성들은 언약을 지키는 데 실패했습니다. 그들은 언약을 제대로 알지 못했고 기억하지 못했던 것입니다.

그러나 우리 마음비석에 새긴 성령의 새 언약을 가진 신약 성도는 성령님과 동행하기만 하면 말씀을 지킬 수 있게 되었습니다.

(2) 성령님께서 하시는 또 하나의 중요한 사역은 신자를 책망하는 것입니다.

요 16:7-8 그러나 내가 너희에게 실상을 말하노니 내가 떠나가는 것이 너희에게 유익이라 내가 떠나가지 아니하면 보혜사가 너희에게로 오시지 아니할 것이요 가면 내

가 그를 너희에게로 보내리니 그가 와서 죄에 대하여, 의에 대하여, 심판에 대하여 세상을 책망하시리라

여기서 '책망한다' 는 '폭로하다' '신랄하게 꾸짖다' 의 뜻으로, 신자의 실제적인 불신앙의 죄와 더러운 옷과 같은 의를 내세우며, 마치 자신이 심판자의 위치에 서 있는 것 같이 교만해진 신자의 마음과 행위에 대해, 책망하심으로 신자를 온전히 새롭게 하는 것을 의미합니다.

(3) 성령님께서 하시는 또 한 가지의 중요한 사역은 우리를 위해서 중보하시는 것입니다.

롬 8:26 이와 같이 성령도 우리의 연약함을 도우시나니 우리는 마땅히 기도할 바를 알지 못하나 오직 성령이 말할 수 없는 탄식으로 우리를 위하여 친히 간구하시느니라

우리가 오늘까지 존재할 수 있는 것은 성령의 말할 수 없는 탄식의 중보 때문입니다. 우리는 방언기도 등을 통해서 성령이 우리를 위해 얼마나 탄식하며 중보하고 계신지를 경험하게 됩니다.

그러면 이렇게 귀한 성령님과 어떻게 해야 동행하는 삶을 살 수 있을까요?

2. 성령님과 동행하는 방법

우선 성령님이 내 안에, 내 삶에 계심을 깊이 □□해야 합니다.

고전 3:16 너희는 너희가 하나님의 성전인 것과 하나님의 성령이 너희 안에 계시는 것을 알지 못하느냐

성령님은 인격이시기에 우리가 내주하시는 성령님을 계속 무시하고 모른 체하면 비록 우리 속에 계시지만 역사 하실 수 없습니다.

그런 다음에 내가 성령님께 힘써 들어가야 합니다. 이것은 내 안에 계신 성령님의 음성에 □□하는 것을 의미합니다.

딤후 1:13-14 너는 그리스도 예수 안에 있는 믿음과 사랑으로써 내게 들은 바 바른 말을 본받아 지키고 우리 안에 거하시는 성령으로 말미암아 네게 부탁한 아름다운 것을 지키라

성령님께서 우리에게 순종하도록 부탁하시는 아름다운 것들은 반드시 특별한 것만이 아니라 우리가 자주 듣는 진리의 말씀들입니다.

그런데 성령님은 그 음성을 잘 듣는 자에게는 더욱 많이 말씀하시지만 듣지 않는 자에게는 점점 그 목소리가 작아져 마침내 침묵하고 마십니다. 분명히 우리 속에 성령

님이 계시지만 우리의 삶이 조금도 변하지 않는 것은 우리가 그분을 인정하지 않고 그분께 순종하지 않기 때문입니다.

에스겔이 본 환상(겔 47:1-5)은 이와 같은 성령님께 순종하는 법칙을 잘 보여주고 있습니다.
우리가 얕은 물 속에서는 자기 마음대로 다닐 수 있지만 깊은 물 속에 들어가면 그렇게 할 수 없습니다. 이와 마찬가지로 우리가 성령님 속에 깊이 잠기기 전에는 비록 내 속에 성령님이 계셔도 내 뜻대로 살 수 있지만, 성령님께 온전히 순종하여 그 속에 완전히 잠기게 되면 모든 일에서 그분의 뜻을 따르는 삶을 살게 됩니다.

이렇게 되면 당신은 죄를 이기고 아름다운 성령의 열매를 맺게 됩니다.
갈 5:16 내가 이르노니 너희는 성령을 따라 행하라 그리하면 육체의 욕심을 이루지 아니하리라

3. 성령님과 동행한 삶의 열매

성령을 따라 행할 때는 반드시 열매가 맺히게 됩니다. 그 열매는 단수로 하나이지만, 그것 안에는 9가지 요소가 들어 있습니다. 아래의 괄호 속에 하나하나의 요소를 기록해 보세요.
갈 5:22-23 오직 성령의 열매는 사랑과 희락과 화평과 오래 참음과 자비와 양선과 충성과 온유와 절제니 이같은 것을 금지할 법이 없느니라

a. (　　　　　) : 모두에게 가장 좋은 것을 주려는 마음
b. (　　　　　) : 하나님께 기반을 둔 기쁨
c. (　　　　　) : 아무와도 막힘없는 평화
d. (　　　　　) : 화낼 이유가 충분해도 더디함
e. (　　　　　) : 상대방의 입장을 이해하는 친절함
f. (　　　　　) : 착한 일을 이루려는 의지
g. (　　　　　) : 변함없는 신실함
h. (　　　　　) : 자아가 철저히 주님께 굴복된 모습
i. (　　　　　) : 욕망을 극복하는 정신
이 같은 요소들은 세상에서도 금지할 법이 없습니다. 사실 오늘날 세상 사람들이 신자들에게 가장 보기 원하는 것은 바로 이와 같은 성령의 열매를 맺는 삶입니다.
그리고 이 같은 열매를 가득 맺는 삶이야말로 예수님의 마음을 닮은 성숙한 모습이며, 성령님과 동행하는 삶입니다.

나눔질문

★ 옆의 예화를 조원이 돌아가면서 읽고, 깨달은 점을 나누어봅시다.

★ 나는 내 속에 계신 성령님을 얼마나 인정합니까? 그리고 나는 그분께 얼마나 순종하고 있었습니까?

★ 이 시간 내 속에 스펀지에 물이 가득하듯이 예수님의 마음속에 있는 성령의 열매가 가득하도록 성령 충만을 구하지 않겠습니까?

정답: ①성령님 ②인식 ③순종

ⓐ사랑 ⓑ희락 ⓒ화평 ⓓ오래 참음 ⓔ자비 ⓕ양선 ⓖ충성 ⓗ온유 ⓘ절제

예화

주님과 동행하십니까?

예수님께서 당신의 집에 찾아오셔서 문을 두드리실 때 당신은 예수님을 영접해 드렸습니다. 응접실로 오신 예수님은 당신에게 인사를 건넵니다.

"초대해 줘서 고맙구나. 그래 잘 지냈니?"

그런데 당신은 갑자기 안색을 바꾸고는 대답은 하지 않고 부엌으로 가버립니다.

주님은 당신을 따라갑니다.

"너랑 얘기를 좀 나누고 싶은데…."

당신은 아무 반응도 보이지 않고 식사를 하기 시작합니다. 주님께 눈길 한 번 주지 않고 말이죠. 밥을 다 먹고 나자 이제 당신은 책상으로 갑니다. 주님도 다시 당신을 따라 갑니다.

"그래, 공부는 좀 어때?"

역시 아무 대답도 없습니다.

당신은 학교에 갑니다. 이번에도 주님은 따라갑니다. 슈퍼마켓에 갑니다. 이번에도 가지요. 그러나 당신은 주님께 도무지 관심을 두지 않습니다. 하루 종일 예수님은 당신을 따라다닙니다. 하지만, 당신은 주님께 한마디도 하지 않습니다. 그 다음 날도 전날처럼 하루 종일 따라다니시지만 당신은 여전히 주님을 무시해 버립니다. 놀랍게도 당신은 마치 주님이 옆에 계시다는 것을 전혀 느끼지 못하는 것처럼 행동합니다.

주일이 되어서 당신은 예배에 참석합니다. 예배당에 들어서자 그제야 당신은 안색을 바꾸고는 주님께 인사를 건넵니다.

"어머! 예수님, 안녕하세요. 오랜만에 뵈어서 참 기쁘네요!"

씁쓸한 표정으로 예수님은 되물으십니다.

"무슨 말이니? 나는 일주일 내내 너와 함께 있었는데…."

하나님과 사람을 향한 자라감

제2강

마음열기 – 친구와 가족에게

1. 눈을 감아봅시다.
2. 지난날 어떤 말을 들어서 힘들었던 사건을 생각해봅니다.
3. 그때 듣고 싶었던 말을 생각해봅니다.
4. 그리고 그때, 그 사람에게 해주고 싶었던 말을 생각해봅니다.
5. 마지막으로 지금 가장 듣고 싶은 말, 혹은 들어서 가장 힘이 되었던 말을 써봅시다.
6. 눈을 뜨고 네 가지를 기록한 후 발표하고 조원들과 나누어봅시다.

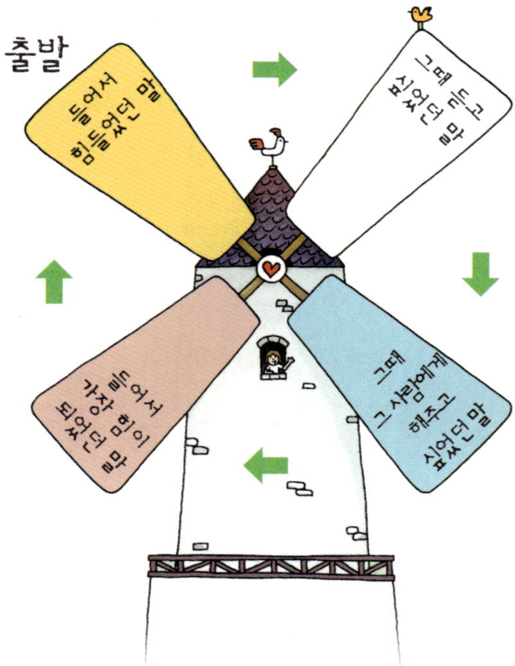

말씀듣기

하나님께서 성도들이 잘 자랄 수 있도록 마련하신 공동체는 교회입니다.
그러므로 신앙생활이 성장하는 것과 교회 생활이 성장하는 것은 떼려야 뗄 수 없는 관련이 있는 것입니다.
교회는 흔히 생각하는 대로 예배당 건물을 말하는 것이 아닙니다.
교회는 하나님과의 관계이며, 또한 형제 · 자매와의 관계를 말하는 것입니다.

1. 하나님과의 관계 - □□생활

예배는 주악에서부터 시작해서 축도로 끝나는 종교의식이 아닙니다.
구약성경에서 예배로 가장 많이 사용된 단어의 원 의미는 '엎드려 절하다'는 의미이며, 신약성경에서 예배로 가장 많이 사용된 단어의 원 의미는 '사랑으로 입닻춤하다' 입니다.
예배는 곧 하나님과의 사랑의 교제인 것입니다.
아래의 본문에 예배라는 말 대신 원어의 의미인 '사랑으로 입맞춤하다'를 넣어 읽어보세요.

요 4:23 아버지께 참되게 (　　　　)하는 자들은 영과 진리로 (　　　　)할 때가 오나니 곧 이 때라 아버지께서는 자기에게 이렇게 (　　　　)하는 자들을 찾으시느니라

누구나 사랑하고 존경하는 사람을 더 자주 만나고 싶고 더 자세히 알기 원하며, 더 좋은 것으로 선물하고 싶어 합니다. 마찬가지로 하나님을 사랑하는 신자는 하나님과의 만남인 이 예배를 사모할 수밖에 없는 것입니다.
특별히 신약시대를 사는 우리는 때와 장소를 가리지 않고 하나님께 예배할 수 있는 놀라운 특권을 받았습니다. 왜냐하면 성령님께서 우리 안에 내주하고 계시며, 예수 그리스도를 통하여 모든 진리가 밝혀졌기 때문에 영과 진리의 예배가 가능하게 되었기 때문입니다.

요 4:23-24 아버지께 참되게 예배하는 자들은 영과 진리로 예배할 때가 오나니 곧 이 때라 아버지께서는 자기에게 이렇게 예배하는 자들을 찾으시느니라 하나님은 영이시니 예배하는 자가 영과 진리로 예배할지니라

그러므로 여러분이 진리의 말씀을 붙잡고 성령 안에서 예배드린다면 그 장소가 어디든지 상관없이 하나님은 당신을 주목하여 보시며 기뻐하실 것입니다.

하나님께서 기뻐 받으시는 참된 예배를 드리기 위해서 우리가 반드시 갖추어야 할 몇 가지 자세가 있습니다.

(1) □□□

예배의 자리에 나와도 마음의 무릎을 꿇지 않으면 결코 예배가 시작되지 않습니다. 하나님 앞에 선 사람은 겸손히 마음의 허리를 동이고 주실 은혜를 기대해야 합니다.

벧전 1:13 그러므로 너희 마음의 허리를 동이고 근신하여 예수 그리스도께서 나타나실 때에 너희에게 가져다 주실 은혜를 온전히 바랄지어다

(2) □□□

예배 시간은 분주한 세상에 대한 생각을 지워버리고 하나님의 놀라우심에 집중하는 시간입니다. 하나님 앞에 나와서도 여전히 마음을 잔잔케 만들지 못하면 예의가 아니요 하나님을 기대하지 않는 자세입니다.

시 62:5 나의 영혼아 잠잠히 하나님만 바라라 무릇 나의 소망이 그로부터 나오는도다

(3) 헌신함

예배는 하나님으로부터 무언가를 받는 것이 아니라 하나님을 기쁘시게 하기 위해 우리의 가장 좋은 것을 희생하는 것입니다. 예배는 그분에게 우리의 마음을 빼앗겨 그 위대함에 놀라고, 그 아름다움에 반하고, 그 영화로움에 매료되어 그분만을 의식하고 바라보는 거룩한 낭비입니다.

레 22:20 흠 있는 것은 무엇이나 너희가 드리지 말 것은 그것이 기쁘게 받으심이 되지 못할 것임이니라

예배는 인간의 가장 큰 특권이며 모든 축복의 근원입니다. 예배를 통해 생명의 근원 되시는 하나님을 만나게 된 자는 놀라운 생명력이 솟아나는 것을 느끼게 됩니다. 또 거룩하신 하나님을 만남으로 죄와 연약의 한계상황을 초월한 성결의 능력을 체험하게 됩니다.

그러므로 우리는 예배에 더욱 힘써야 합니다. 특히 성도가 함께 모여 드리는 공예배는 더욱 중요합니다. 그 이유는 성도가 함께 모인 곳에서는 하나님의 임재를 훨씬 잘 느낄 수 있고, 서로를 격려하는 교제가 힘 있게 이루어질 수 있기 때문입니다.

히 10:24-25 서로 돌아보아 사랑과 선행을 격려하며 모이기를 폐하는 어떤 사람들의 습관과 같이 하지 말고 오직 권하여 그 날이 가까움을 볼수록 더욱 그리하자

2. 지체와의 관계 - □□사랑

하나님을 더 잘 알고 신앙이 바르게 성장하기 위해서는 다른 그리스도인들과의 교

제에 힘을 써야 합니다. 왜냐하면 그리스도인의 교제에는 하나님께서 함께하시기 때문입니다. 그러므로 신자는 공동체에 참여하는 일에 힘을 쏟아야 합니다.
마 18:20 두세 사람이 내 이름으로 모인 곳에는 나도 그들 중에 있느니라

예수님은 옛 계명인 십계명을 대체할 □ □□을 주셨습니다.
요 13:34-35 새 계명을 너희에게 주노니 서로 사랑하라 내가 너희를 사랑한 것 같이 너희도 서로 사랑하라 너희가 서로 사랑하면 이로써 모든 사람이 너희가 내 제자인 줄 알리라
옛 계명의 요약은 하나님사랑과 형제사랑입니다. 그러나 새 계명의 요약은 □□ □□입니다. 곧 새 계명은 형제를 가까이하는 만큼만 하나님을 가까이할 수 있다는 진리를 분명하게 보여주고 있습니다.

그리고 사실 신앙생활에서 얻는 가장 큰 기쁨은 지체와의 교제의 기쁨입니다.
예수님은 새 계명, 곧 형제사랑의 명령을 주신 이유에 대해 이렇게 설명하고 있습니다.
요 15:11 내가 이것을 너희에게 이름은 내 기쁨이 너희 안에 있어 너희 기쁨을 충만하게 하려 함이라

또한 형제사랑은 구원받은 신자의 가장 확실한 증거이기도 합니다.
요일 3:14 우리가 형제를 사랑함으로 사망에서 옮겨 생명으로 들어간 줄을 알거니와 사랑하지 아니하는 자는 사망에 머물러 있느니라

성경은 아무리 구원의 확신이 있다고 해도 형제를 사랑하지 않는 사람은 구원받은 백성이 아니라고 단언하고 있습니다.
요일 3:10 이러므로 하나님의 자녀들과 마귀의 자녀들이 드러나나니 무릇 의를 행하지 아니하는 자나 또는 그 형제를 사랑하지 아니하는 자는 하나님께 속하지 아니하니라

사실 신자는 사랑할 수밖에 없는 이유를 가진 사람들입니다. 우리는 가장 연약하고 부끄러운 자리에 있을 때 가장 놀라운 사랑을 받았습니다. 그러므로 우리는 연약하고 부족한 형제까지도 사랑할 수 있는 것입니다.
요일 3:16 그가 우리를 위하여 목숨을 버리셨으니 우리가 이로써 사랑을 알고 우리도 형제들을 위하여 목숨을 버리는 것이 마땅하니라

우리 아버지 하나님을 한마디로 표현하면 사랑입니다(요일 4:8). 그러므로 하나님의 자녀는 다른 것은 몰라도 형제사랑하는 일에는 전문가가 되어야 합니다.

나눔질문

★ 옆의 예화를 조원이 돌아가면서 읽고, 깨달은 점을 나누어봅시다.

★ 나는 지금까지 얼마나 많은 예배를 드려왔으며, 그 중 하나님께 사랑으로 입맞춤하는 예배는 몇 번이나 되었습니까? 나의 예배드리는 태도 중에서 고칠 것이 있다면 무엇입니까?

★ 나는 새 계명을 지키는 기쁨을 얼마나 누리고 있었습니까? 새 계명을 실천하기 위해 내가 공동체에서 할 수 있는 실천사항은 구체적으로 어떤 것이 있습니까?

정답: ①예배 ②겸손함 ③잠잠함 ④형제 ⑤새 계명 ⑥형제사랑

예화

몸을 보는 눈

신앙의 첫출발은 '예수를 보는 눈'을 가지게 되는 것입니다. 그는 구세주를 진정으로 발견하고 열심히 신앙생활을 하게 됩니다. 하지만, 그는 개인주의가 되기 쉽고 영적인 교만이나 질투를 느낄 때가 많습니다. 그러나 성숙한 신앙인이 되면 '몸을 보는 눈'을 뜨게 됩니다. 예수는 몸의 머리이시며, 자기는 몸의 한 지체이고, 또 몸에는 자기 외에도 많은 지체가 있다는 것과 하나님은 바로 '우리의 아버지'라는 사실을 깨닫게 되는 것입니다. 몸을 보는 눈을 가진 사람은 지체를 용서합니다. 혀는 이에게 물렸다고 해서 "밴지 가져와서 이 빼버려!"라고 하지 않습니다. 한 몸이기 때문에 무조건 용서해줍니다. 그리스도인이 다른 그리스도인을 용서하지 않고 헐뜯는 것은 마치 미친 사람이 벽에 제 머리를 부딪히는 것과 같은 것입니다. 지체에게 허물이 있다면 성숙한 신자는 그를 부상병처럼 극진히 간호해서 다시 일어설 수 있도록 도와줍니다.

몸을 보는 눈을 가진 사람은 지체와 교제합니다. 지체는 바지 하나 입을 때도 모두 달려들어 도와주고, 손가락 하나만 데어도 다 같이 아파합니다. "나하고 무슨 상관이야!"하며 방관하지 않습니다. 우리는 자주 모여 같이 성경도 읽고, 식사도 하고, 운동도 하고, 지체의 어려운 일을 찾아서 도와주어야 합니다. 그렇게 되면 몸에 피가 흐르듯이, 교회 안에는 주의 보혈이 힘 있게 흐르게 됩니다. 서로 관심을 갖고 교제하지 않는다면, 말로 아무리 '형제', '자매' 해도 우리는 고아들이고 하나님은 고아원 원장이 되실 뿐입니다.

몸을 보는 눈을 가진 사람은 자기의 지체됨에 자족하며 최선을 다합니다. 몸에는 눈이나 입만 있는 것이 아니라 새끼발가락도 있습니다. 하지만, 어느 것 하나도 뽐내거나 열등감을 느끼는 일 없이 자기의 할 일을 열심히 합니다. "내가 할 수 있는 것은 다른 사람도 능히 할 수 있기를 바라며, 내가 하지 못하는 것은 다른 사람이 하기를 바라며, 내가 더 잘 할 수 있는 것으로는 영광을 주님께 돌리고, 축복은 몸에 돌릴 수 있기를 바랍니다." 이것이 한 지체됨을 아는 사람의 기도입니다.

어떤 목사님이 나환자를 안고 울면서 이렇게 말했다고 합니다. "하나님 왜 제가 아니고 이 사람이 이 십자가를 지게 되었습니까…?" 참으로 몸을 볼 줄 아는 사람의 고백입니다. 교회가 이렇게 약하고 오합지졸이 된 것은 우리가 몸을 보지 못했기 때문입니다. 몸을 보는 눈을 가진 한 사람이 필요한 때입니다.

복의 근원으로서의 자라감

제3강

마음열기 - 관계 지수

우리는 모두 누군가와 관계를 맺고 있고 그 관계를 발전시켜야 합니다.
다음은 나와 관련된 사람들과의 관계 지수를 나타낸 것입니다.
자신이 해당되는 위치를 선택하고, 아래의 질문을 나누어봅시다.

1. 아버지와의 관계 지수

   A(매우 좋음) B(좋음) C(보통) D(좋지 않음) E(매우 좋지 않음)

2. 어머니와의 관계 지수

   A(매우 좋음) B(좋음) C(보통) D(좋지 않음) E(매우 좋지 않음)

3. 형제와의 관계 지수

   A(매우 좋음) B(좋음) C(보통) D(좋지 않음) E(매우 좋지 않음)

4. 교회 친구와의 관계 지수

   A(매우 좋음) B(좋음) C(보통) D(좋지 않음) E(매우 좋지 않음)

5. 학교 친구와의 관계 지수

   A(매우 좋음) B(좋음) C(보통) D(좋지 않음) E(매우 좋지 않음)

6. 동아리 친구(동호회, 학원, 인터넷 카페)와의 관계 지수

   A(매우 좋음) B(좋음) C(보통) D(좋지 않음) E(매우 좋지 않음)

나눔 질문

1. 나의 관계 지수가 가장 높은 사람은?
2. 나의 관계 지수가 가장 낮은 사람은?
3. 관계 지수가 높은 사람은 무엇 때문에 그런가요?
4. 관계 지수가 낮은 사람은 무엇 때문에 그런가요?
5. 관계 지수를 높여야 할 사람은 누구이며, 어떠한 방법이 있을까요?

말씀듣기

요셉은 그가 있는 곳마다 복을 받게 하는 축복의 전달자였습니다. 우리도 요셉처럼 내가 있는 가정과 학교와 교회가 복을 받게 하는 축복의 전달자가 되어야 합니다. 왜냐하면 우리는 남들이 상상할 수 없는 놀라운 복음을 가지고 있으며 또한 그 축복을 전달할 사명과 능력을 받은 자이기 때문입니다. 모든 신자는 복의 근원이며, 축복의 전달자가 되어야 합니다.

1. 신자를 향한 하나님의 계획

하나님이 인류의 조상에게 주신 최초의 약속은 복을 받아 번성하고 충만하게 되는 것이며, 최초의 사명은 그 복으로 세상을 정복하고 다스리는 리더십을 가지라는 것입니다.

창 1:28 하나님이 그들에게 복을 주시며 하나님이 그들에게 이르시되 생육하고 번성하여 땅에 충만하라, 땅을 정복하라, 바다의 물고기와 하늘의 새와 땅에 움직이는 모든 생물을 다스리라 하시니라

이것은 선민의 조상 아브라함에게 주신 약속과 사명에서도 반복되고 있습니다.

창 12:2 내가 너로 큰 민족을 이루고 네게 □을 주어 네 이름을 창대하게 하리니 너는 □□ □□이 될지라

이것은 신약 성도인 우리에게도 동일하게 적용되는 약속과 사명입니다.
신약성경은 우리를 향해 왕 노릇할 제사장이라고 소개하고 있습니다.

계 5:10 그들로 우리 하나님 앞에서 나라와 제사장들을 삼으셨으니 그들이 땅에서 왕 노릇 하리로다 하더라

제사장이 하는 가장 중요한 일은 여호와의 이름으로 백성들을 축복하는 것입니다(신 10:8).
그리고 왕 노릇이란 권세를 가지고 통치하는 것을 의미합니다.

마 16:19 내가 천국 열쇠를 네게 주리니 네가 땅에서 무엇이든지 매면 하늘에서도 매일 것이요 네가 땅에서 무엇이든지 풀면 하늘에서도 풀리리라 하시고

그러므로 여기서 왕 노릇할 제사장이 된다는 것은 축복하는 역할을 통해 세상을 통치하는 사람이 된다는 의미입니다.

이 말씀을 통해서 하나님께서 우리에게 원하시는 것은 우리가 복을 받고 복의 근원이 되므로 세상을 구원할 자가 되는 것임을 분명히 확인하게 됩니다. 하나님이 이처럼 축복의 하나님이라면 하나님 자녀의 모습은 당연히 하나님을 닮아야 합니다.

마 5:44-45 나는 너희에게 이르노니 너희 원수를 사랑하며 너희를 박해하는 자를 위하여 기도하라 이같이 한즉 하늘에 계신 너희 아버지의 아들이 되리니 이는 하나님이 그 해를 악인과 선인에게 비추시며 비를 의로운 자와 불의한 자에게 내려주심이라

하나님은 악인과 선인에게 햇빛과 비를 동일하게 주시는 너그러운 축복의 아버지입니다.

그러므로 우리도 우리를 핍박하는 자와 저주하는 자에게 축복하며 기도하는 사람이 되어야 합니다.

2. 최고의 복인 □□

이처럼 축복하기를 기뻐하시는 하나님께서 인간에게 가장 주고 싶어 하는 복은 평화, 화평, 평강, 화목, 평안 등으로 번역된 '샬롬' 입니다. 샬롬의 복은 죄로 말미암아 하나님과 사람, 사람과 사람, 사람과 만유 사이에 아무런 막힘이 없는 상태에서 누리는 행복을 의미합니다. 사실 세상이 말하는 복, 곧 돈이 아무리 많고 학벌이나 지위가 높고 건강하다 해도 하나님과의 관계가 막혀 있고 부모, 형제, 부부, 자녀, 직장동료와의 관계가 막혀 있으며, 다스리고 누려야 물질을 우상처럼 숭배하면서 도리어 그 아래서 종 노릇 하는 사람은 결코 행복할 수 없습니다. 그래서 하나님은 이 샬롬의 복을 우리에게 회복시켜 주시기 위해 당신의 아들을 십자가에서 희생 제물로 삼으심으로 말미암아 샬롬의 복을 가로막는 모든 장벽을 허물어지게 하셨습니다.

골 1:20 그의 십자가의 피로 화평을 이루사 만물 곧 땅에 있는 것들이나 하늘에 있는 것들이 그로 말미암아 자기와 화목하게 되기를 기뻐하심이라

엡 2:14 그는 우리의 화평이신지라 둘로 하나를 만드사 원수 된 것 곧 중간에 막힌 담을 자기 육체로 허시고

3. 화목하게 하는 직책

이처럼 예수님의 피 값으로 하나님과 다시 화목하게 된 우리는 이 놀라운 화목의 복을 누릴 뿐 아니라 그 복을 나눌 의무도 가진 사람입니다. 곧 우리는 샬롬사역자가 되어야 하는 것입니다.

고후 5:18-19 모든 것이 하나님께로서 났으며 그가 그리스도로 말미암아 우리를 자기와 화목하게 하시고 또 우리에게 화목하게 하는 직분을 주셨으니 곧 하나님께서 그리스도 안에 계시사 세상을 자기와 화목하게 하시며 그들의 죄를 그들에게 돌리지 아니하시고 화목하게 하는 말씀을 우리에게 부탁하셨느니라

그러므로 하나님의 자녀인 우리는 모든 사람으로 더불어 샬롬하기를 힘써야 합니다.

롬 12:18 할 수 있거든 너희로서는 모든 사람과 더불어 화목하라

이렇게 될 때 여러분은 세상 사람들로부터 하나님의 자녀라고 일컬음을 받게 될 것입니다.

마 5:9 화평하게 하는 자는 복이 있나니 그들이 하나님의 아들이라 일컬음을 받을 것임이요

그리고 어느 집을 들어가든지 먼저 샬롬의 축복을 빌어야 합니다.

마 10:12-13 또 그 집에 들어가면서 평안하기를 빌라 그 집이 이에 합당하면 너희 빈 평안이 거기 임할 것이요 만일 합당하지 아니하면 그 평안이 너희에게 돌아올 것이니라

물론 우리가 샬롬의 축복을 주려고 해도 많은 사람들이 받기를 거부할 수 있습니다. 하지만, 그렇다고 그들이 다 샬롬의 축복을 받기에 합당치 않은 것은 아닙니다.

사실 모든 사람은 참된 행복을 갈구하고 있습니다. 그러나 오직 하나님께서 주시는 샬롬의 축복만이 진정한 행복을 줄 수 있다는 것을 알고 있는 사람은 많지 않습니다.
모든 사람들은 언젠가 자신이 죽는다는 사실을 알고 있습니다. 그러나 예수 안에서 샬롬의 축복이 회복된 사람에게 영생이 있다는 진리를 제대로 알고 있는 사람은 거의 없습니다. 곧 대부분의 사람은 몰라서 그렇지 실상은 샬롬의 축복을 간절히 갈구하고 있는 것입니다.

그런데 예수님은 죄인인 우리 한 사람에게 샬롬의 축복을 전하기 위해 친히 낮고 천한 인간의 몸을 입고 오셨으며, 바울도 한 영혼을 얻기 위해 그들의 눈높이를 맞추는 데 최선을 다했습니다.

고전 9:20-22 유대인들에게 내가 유대인과 같이 된 것은 유대인들을 얻고자 함이요 율법 아래에 있는 자들에게는 내가 율법 아래에 있지 아니하나 율법 아래에 있는 자 같이 된 것은 율법 아래에 있는 자들을 얻고자 함이요 율법 없는 자에게는 내가 하나님께는 율법 없는 자가 아니요 도리어 그리스도의 율법 아래에 있는 자이나 율법 없는 자와 같이 된 것은 율법 없는 자들을 얻고자 함이라 약한 자들에게 내가 약한 자와 같이 된 것은 약한 자들을 얻고자 함이요 내가 여러 사람에게 여러 모습이 된 것은 아무쪼록 몇 사람이라도 구원하고자 함이니

그러므로 우리가 진정으로 이웃을 사랑하고 축복의 통로가 되기를 원한다면, 먼저 그들의 관심사에 관심을 보이고 그들의 필요를 맞추어 그들을 축복함으로 그들에게 화목하게 하는 직책을 시작할 수 있습니다. 이렇게 하기 위해서는 그들의 말을 존중하고 신중히 경청해야 합니다. 사실 이렇게 하는 것만으로도 그들을 축복하는 것입니다. 이를 위해서는 시간과 노력과 마음과 돈이 필요할 수도 있습니다. 그러고 나면 그들도 당신의 간증을 거부감 없이 경험담처럼 들어줄 것입니다. 그리고 때로는 그들의 문제에 적용되는 말씀을 함께 나눌 수도 있고, 하나님께 기도하는 방편을 통해서 문제를 해결하도록 도울 수도 있습니다. 그러면 어느새 당신은 그 이웃에 대한 축복의 통로 역할을 하고 있는 것입니다.

이처럼 샬롬사역자로서 복의 근원이 되기에 힘쓰는 자에게는 예수 그리스도의 임재와 능력이 가장 밀접하게 깨달아지는 기쁨을 만끽하게 될 것입니다.

요 8:29 나를 보내신 이가 나와 함께 하시도다 나는 항상 그가 기뻐하시는 일을 행하므로 나를 혼자 두지 아니하셨느니라

4. □□사역자의 구체적인 삶

이웃에게 지혜롭게 샬롬의 축복을 빌기 위해 전도자가 갖추어야 할 것에는 어떤 것이 있습니까?

1) 먼저 □□을 실천하세요.
우리가 가진 복음의 내용은 모든 사람들을 향한 하나님의 무조건적인 사랑입니다. 그러므로 복음을 나눈다는 것은 이 같은 하나님의 사랑을 실천하는 것입니다. 초대교회 기독교는 단순히 이 사랑을 실천함으로 누룩처럼 번져가게 되었습니다. 삶처럼 강한 증거는 없습니다.
요일 4:11 사랑하는 자들아 하나님이 이같이 우리를 사랑하셨은즉 우리도 서로 사랑하는 것이 마땅하도다

2) □□ □에 열심을 내세요.
또한 하나님이 변화시키신 신자의 모습은 선한 일에 열심을 내는 독특한 백성입니다. 이렇게 될 때 사람들은 하나님을 향해 마음의 문을 열게 될 것입니다.
딛 2:14 그가 우리를 대신하여 자신을 주심은 모든 불법에서 우리를 속량하시고 우리를 깨끗하게 하사 선한 일을 열심히 하는 자기 백성이 되게 하려 하심이라
마 5:16 이같이 너희 빛이 사람 앞에 비치게 하여 그들로 너희 착한 행실을 보고 하늘에 계신 너희 아버지께 영광을 돌리게 하라

3) □□의 증거를 준비하세요.
신자는 이 세상만을 보는 사람이 아니라 하나님 나라를 확신하고 사는 사람입니다. 그렇기 때문에 우리의 목표와 인내와 담대함은 세상에 의문을 일으킬 수밖에 없는 것입니다. 그러므로 우리는 세상 사람들에게 전할 복음을 항상 준비하고 있어야 합니다.
벧전 3:15 너희 마음에 그리스도를 주로 삼아 거룩하게 하고 너희 속에 있는 소망에 관한 이유를 묻는 자에게는 대답할 것을 항상 준비하되 온유와 두려움으로 하고

4) □□의 능력을 의지하세요.
그러나 때로 우리가 준비돼 있지 않다 해도 복음을 증거 해야 할 때가 있습니다. 그런 때는 두려워하지 마시고 여러분 속에 계신 성령님께서 역사 하실 수 있도록 주도권을 넘겨 드리십시오.
막 13:11 사람들이 너희를 끌어다가 넘겨 줄 때에 무슨 말을 할까 미리 염려하지 말고 무엇이든지 그 때에 너희에게 주시는 그 말을 하라 말하는 이는 너희가 아니요 성령이시니라

나눔질문

★ 옆의 예화를 조원이 돌아가면서 읽고, 깨달은 점을 나누어봅시다.

★ 나는 충만한 복을 받고, 세상을 향한 복의 근원이 되게 하시려는 하나님의 약속과 사명을 제대로 누리고 있습니까? 나는 하나님의 가장 큰 복인 샬롬을 맛보며 살고 있습니까? 만약 그렇지 않다면 하나님의 약속에 의지하여 이것들을 구하는 시간을 가집시다. 이것은 여러분에게 이미 약속되어 있는 것입니다.

★ 내가 화목케 하는 샬롬사역자가 되기 위해 가장 힘써야 할 일은 무엇이라고 생각하십니까?

정답: ①복 ②복의 근원 ③샬롬 ④샬롬 ⑤사랑 ⑥선한 일 ⑦입술 ⑧성령

예화

소련 병사 솔제스키

그리스도인으로 군대에 들어간 솔제스키 형제는 군에서 고문을 받았습니다. 그는 진심으로 그리스도를 사랑하고 그리스도의 뒤를 따라가기 원하는 청년이었지만, 이때문에 그는 군으로부터 조롱당하고 예수 그리스도에 대하여 아무것도 말해서는 안 된다는 엄한 말을 들었습니다.

그러나 그는 잠잠할 수가 없었습니다. 하나님의 사랑이 마음으로부터 샘같이 솟아나와 증거하지 않고는 견딜 수가 없었던 것입니다. 그는 생활을 통해 그리스도를 증거하고 있었습니다.

그러자 그의 생활을 본 병사들이나 주위 사람들이 "당신은 대체 어떤 사람입니까?"라고 묻게 되었습니다. 그래서 그는 간증을 시작했습니다. 그를 통해서 많은 사람이 믿음으로 인도되었습니다.

비밀경찰은 "잠잠해! 아무 것도 말하지 마!"라고 협박했지만, 솔제스키는 "동료나 친구들이 나에게 묻는다면 나는 그들에게 대답하겠습니다. 대답해주고 싶어 견딜 수 없습니다."하고 말했습니다. 심한 박해가 왔습니다. 솔제스키 형제는 지독하게 구타당하고 성경을 구할 수 없도록 양 손가락을 전부 잘렸습니다.

그 후 솔제스키 형제가 군복 안쪽에 기워서 숨겨두었던 포켓성경이 발견되어 다시금 고문이 시작되었습니다. 아무것도 들을 수 없도록 귀를 잘리고 칼로 눈도 찔렸습니다. 그래도 그는 산 증인으로서 하나님의 이름을 외쳤습니다. 그러자 박해자들은 화가 나서 미쳐 버렸습니다.

"네가 그 혀로 하나님의 복음을 전할 수 없도록 네 혀를 뽑아 주마!"

솔제스키 형제는 결국 혀까지 뽑혔지만, 기뻐하며 하늘 나라로 부름 받아 갔습니다. 그러나 그의 죽음을 통해서 더욱 많은 사람들이 믿음으로 인도되었습니다.

능력 있는 성령의 사람으로서의 자라감

제4강

마음열기 – 실패하지 않을 것을 전제한다면.

때때로 우리는 실패에 대한 두려움 때문에 새로운 일을 시도하지 못하거나 어떤 일을 이루기 위한 노력을 포기합니다. 이 마음열기를 하는 동안 실패하지 않을 것을 전제하고 당신 삶에서 하고 싶은 어떤 것을 생각해봅니다. 아래의 공간에 답을 적고 그것을 조원들과 나누어봅시다.

내가 실패하지 않을 것을 전제한다면,

1. 나는 내 자신의 발전을 위해 이런 일을 해보고 싶습니다:

2. 내가 항상 원했지만 위험이 따르기 때문에 하지 못했던 이 일을 하고 싶습니다:

3. 나는 가족을 위해 이런 일을 하고 싶습니다:

4. 대인관계에서 이렇게 해보고 싶습니다:

5. 나는 학교나 교회에서 이런 일을 꼭 해보고 싶습니다:

6. 나는 하나님을 위해 이것을 하고 싶습니다:

말씀듣기

노르웨이는 큰 강과 폭포 등 수자원이 풍부하기 때문에 세계에서 가장 싼 값의 전기를 만들고 있습니다. 그래서 노르웨이 사람들은 밤낮 전기를 켜둔다고 합니다. 하지만, 불과 몇 세기 전에 똑같은 땅에 살고 있었던 바이킹들은 단지 양초로 희미한 밤을 밝히고 있었습니다. 그들은 자기에게 있는 엄청난 잠재 에너지에 대해 무지했던 것입니다. 사실 우리 속에는 이보다 더 큰 능력이 있는데 많은 신자들이 여기에 대해 무지한 삶을 살고 있습니다. 그것은 성령의 능력입니다.

1. 성령의 □□ 부으심

예수님은 승천하시면서 제자들에게 놀라운 약속을 하고 계십니다.
요 14:12 내가 진실로 진실로 너희에게 이르노니 나를 믿는 자는 내가 하는 일을 그도 할 것이요 또한 그보다 큰 일도 하리니 이는 내가 아버지께로 감이라

여기서 제자들이 감당해야 할 일이란 예수 그리스도의 증인이 되는 것입니다.
행 1:8 오직 성령이 너희에게 임하시면 너희가 권능을 받고 예루살렘과 온 유대와 사마리아와 땅 끝까지 이르러 내 증인이 되리라 하시니라

그리고 이 약속을 이룰 수 있도록 한 가지 명령을 주셨습니다.
눅 24:49 볼지어다 내가 내 아버지께서 약속하신 것을 너희에게 보내리니 너희는 위로부터 능력으로 입혀질 때까지 이 성에 머물라 하시니라

예수님의 약속은 오순절에 성령의 능력이 제자들에게 입히움으로 말미암아 현실이 되었습니다. 참으로 제자들은 예수님보다 더 많은 사람들에게 예수 그리스도의 증인이 되는 삶을 살 수 있도록 변화되었던 것입니다.
이 약속은 오늘날 성도들에게도 동일하게 적용되는 것입니다. 만약 우리에게 성령의 능력이 임하시기만 하면 말입니다.
신구약 성경에서는 성령의 능력이 임하는 것을 기름 부으심을 받는다는 것과 같은 뜻으로 사용하고 있습니다.
하나님께 사용 받은 구약의 위인들은 사역에 앞서 먼저 기름 부으심을 받았습니다.
삼상 16:13 사무엘이 기름 뿔병을 가져다가 그의 형제 중에서 그에게 부었더니 이 날 이후로 다윗이 여호와의 영에게 크게 감동되니라 사무엘이 떠나서 라마로 가니라

예수님도 그의 사역 처음에 기름 부으심을 받았습니다.
눅 4:18 주의 성령이 내게 임하셨으니 이는 가난한 자에게 복음을 전하게 하시려고 내게 기름을 부으시고 나를 보내사 포로 된 자에게 자유를, 눈 먼 자에게 다시 보게 함을 전파하며 눌린 자를 자유롭게 하고

이처럼 성령의 능력이 기름처럼 부어지는 최초의 경험을 '성령의 세례' 라고 표현합니다. 그러므로 성령의 기름 부으심을 체험하지 못했다면 우리는 비록 중생한 신자라 할지라도 주님의 증인이 되기에는 합당치 못한 것입니다.

우리는 보통 증인 하면 목사님이나 특별한 사람 등을 떠올립니다. 그래서 자기는 증인하고는 별 상관이 없고, 자기에게는 성령의 기름 부으심이 필요 없다고 생각하기도 합니다. 이것은 커다란 오해입니다.
하나님은 신자 모두가 평범한 삶의 모습, 표정, 말, 역사 하는 행동 하나하나에서 예수 그리스도의 증인되기를 원하십니다. 그러므로 우리 모두에게는 성령의 기름 부으심이 꼭 필요합니다.

2. 성령의 기름 부으심을 받는 법

당신은 이전에 성령의 기름 부으심을 체험한 적이 있습니까?
만약 그런 경험이 없다면 성령의 세례를 받기 위해 무엇을 해야 할까요?

1) 먼저 감추었던 것을 드러내고, 더러운 곳을 태우고, 어두운 부분에 빛을 비추는 일이 선행되어야 합니다. 성령은 거룩의 영이십니다.
행 2:38 베드로가 이르되 너희가 회개하여 각각 예수 그리스도의 이름으로 세례를 받고 죄 사함을 받으라 그리하면 성령의 선물을 받으리니

2) 동기가 무엇인지 살펴야 합니다. 자기신앙을 과시하거나, 어떤 신비경을 느껴보려고, 혹은 종교적인 명성을 얻고 싶어서 구하는 것은 바람직하지 못합니다(행 8:17-21). 성령세례를 구해야 하는 유일한 이유는 하나님의 일을 하기 위함입니다. 악한 세상을 거슬러 싸우고, 십자가를 지고 주를 따르며, 이 땅에 하나님 나라가 임하게 하기 위해서는 성령의 능력이 필요합니다.

3) 분명한 믿음과 간절한 열망으로 기도해야 합니다. 하나님께서 들으시는 기도는 그냥 지나가는 기도나 변덕스럽게 구하는 것이 아니라 열심히 사모하는 기도입니다. 이것은 하나님이 인색하셔서가 아니라 스스로의 마음이 정직한지를 돌아보게 하고, 구하는 바를 진정으로 사모하는지 확인하게 하기 위한 것입니다.

3. 성령의 □□을 받으라

성령과 동행하는 삶을 사는 당신은 성령님의 능력 충만을 항상 구하고 사모해야 합니다.
새로운 문제를 대할 때마다, 새 영혼을 섬길 때마다, 새로운 하루를 시작할 때마다 우리에게는 새로운 성령의 기름 부으심이 필요합니다.
성령의 능력이 기름처럼 부어지는 최초의 경험을 '성령의 세례' 라고 하고, 순간순간 새롭게 성령의 기름 부으심을 받는 것을 '성령능력 충만' 이라고 표현합니다.

하나님은 우리에게 계속해서 성령의 능력 충만을 받으라고 명하십니다.
엡 5:18 술 취하지 말라 이는 방탕한 것이니 오직 성령으로 충만함을 받으라

예수님은 정말 당신에게 '성령세례 '와 '성령능력 충만' 을 주시기 원하십니다.
눅 12:49 내가 불을 땅에 던지러 왔노니 이 불이 이미 붙었으면 내가 무엇을 원하리요

그러므로 성령께서는 성령을 구하는 당신의 기도에 응답하시고, 당신에게 날마다 세상을 이길 놀라운 능력을 부어 주실 것입니다.
OO속에 자기 이름을 넣어 읽어 보십시오.
슥 4:6-7 …만군의 여호와께서 말씀하시되 이는 힘으로 되지 아니하며 능력으로 되지 아니하고 오직 나의 영으로 되느니라 큰 산아 네가 무엇이냐 네가 OO앞에서 평지가 되리라…

나눔질문

★ 옆의 예화를 조원이 돌아가면서 읽고, 깨달은 점을 나누어봅시다.

★ 나는 성령의 기름 부으심을 체험했습니까? 만약 그렇지 않다면, 성령의 세례 받기를 진심으로 사모하십니까? 그렇다면, 성령의 세례를 받기 위해 필요한 3가지 사항을 이 시간 점검하면서 기도하는 시간을 가지십시오.

★ 만약 내가 과거에 성령의 기름 부으심을 체험 한 적이 있다면 현재 나의 상태는 어떠합니까? 충만한 상태입니까? 아니면, 바닥난 상태입니까? 이 시간 모든 조원들과 함께 다시 한 번 성령의 충만함이 불길같이 임하기를 구하시지 않겠습니까?

정답: ①기름 ②충만

예화

이런 표적이 따르리니

「수마트라」 정글에서 주를 위해 일하는 형제자매들이 있었다. 그들은 자주 강을 건너게 되었다. 어느 날 한 형제가 맞은편 회교도 지역에 전도하기 위하여 강을 건너가고 있었다. 그는 수영 할 줄 모르는데다가, 마침 홍수 때여서 강물이 가슴까지 차올라 애를 먹고 있었다. 무슬림과 이교도들이 강둑에 서 있다가 웃어댔다.

"하하하, 저 친구 오늘이 초상날이군."

그가 강을 건너려고 애를 쓰고 있을 때, 사방에서 악어 떼들이 그를 삼키려고 접근하고 있었기 때문이었다. 악어들은 1~2미터 앞까지 접근해서는 꼬리로 그 형제를 박살내려고 하였다. 악어의 꼬리로 치는 힘은 카누를 두 동강 낼 정도였다.

그 순간 이 형제는 "믿는 자들에게는 이런 표적이 따르리니 곧 그들이 내 이름으로… 뱀을 집어올리며……."(막 16:17-18) 라는 말씀이 생각났다. 그래서 그는 그 위기의 순간에 담대히 서서 이렇게 외쳤다.

"내가 예수의 이름으로 명하노니, 악어들아 물러가라!"

순간 악어들은 획- 획 방향을 돌리더니 헤엄쳐서 사라져 버렸다.

강둑에 서서 구경하던 무슬림과 이교도들은 매우 놀랐다.

"세상에 이런 일이! 악어들이 저 사람에게 복종하다니!"

그들은 눈앞에서 일어나는 하나님의 능력을 생생하게 경험한 것이다. 이 광경을 본 많은 사람들은 예수를 구주로 영접하게 되었다.

-「급하고 강한 바람처럼」 중에서-

부록

Contents

성장 – 풍성한 열매 맺기

큐티사용법

하나님의 말씀과 경건의 훈련, 사랑의 교제가 있는 수련회에 참석하신 것을 환영합니다. 하나님의 사랑하는 자녀인 여러분에게 이 수련회 기간 동안 하나님 아버지와 그리스도 예수 우리 주님으로부터 보배로운 은혜와 따뜻한 긍휼, 그리고 하늘의 평강이 임하시길 바랍니다. 3일치의 큐티 내용은 앞에서 배운 성경공부와 같은 맥락으로 구성되어 있어, 여러분이 받은 은혜와 결심을 더 단단히 하는데 도움을 줄 것입니다. 20분의 알찬 큐티로 수련회 아침을 상쾌하게 시작해봅시다!

1. 기도로 시작
말씀의 바다로 들어가기 위해선 준비운동이 필수!

2. 말씀 세 번 이상 읽기
주제와 줄거리를 정확히 파악하기 위한 충분한 읽기로 준비운동 완료!

3. 해석읽기
꼼꼼하고 깊이 있는 해석을 보며 영혼을 살찌울 말씀의 양식 잡기!

4. 메모하기
나만의 깨달음과 나의 결심을 노트에 적어 냠냠 맛있게 말씀 먹기!

5. 기도로 마무리
마지막 기도로 오늘의 말씀 제대로 흡수하기!

* 본 교재의 큐티 본문은 「세계를 품는 경건의 시간 GT」 제공.
성경말씀은 「쉬운 성경」을 사용하고 있습니다.

첫째 날 QT

한 지체된 우리

서로 사랑하라

예수님은 가지된 우리를 향해 다시 한 번 "내 사랑 안에 머물러 있어라"고 말씀하셨습니다(9). 예수님의 사랑 안에 머무르는 방법은 예수님의 계명을 지키는 것입니다(10). 그런데 이 계명은 곧 "내가 너희를 사랑한 것같이, 너희도 서로 사랑하라"는 새 계명입니다(12). 예수님은 우리가 서로 사랑하는 것이 바로 예수님 안에 머무르는 방법이요, 풍성한 열매를 맺는 방법이라고 말씀하고 계신 것입니다. 예수님은 형제를 사랑하는 마음으로 구하는 기도에는 응답이 보장되어 있다고 말씀하십니다. 또 이처럼 우리가 서로 사랑하는 것에 충만한 기쁨이 있다고 말씀하셨습니다(11). 사실 예수님께서 참포도나무의 비유를 말씀하신 이유는 우리가 서로 사랑하게 하기 위함이었습니다(17). 우리가 서로 사랑할 때 하나님께서는 영광을 받으시고 우리가 예수님의 참 제자로 인정받게 될 것입니다(요 13:35).

나의 친구라

예수님은 제자들에게 친구라는 칭호를 주셨습니다. 종은 주인이 하는 일의 이유나 목적을 모르지만 친구는 주인의 마음속을 다 알고 또 그와 사랑을 주고받습니다. 예수님은 제자들에게 아버지께 들은 모든 것을 다 알게 하셨습니다(15). 아버지의 마음을 아는 것은 사랑의 중요성을 아는 것입니다(요일 4:7-8, 12). 예수님은 친구인 제자들에게 "사람이 자기 친구를 위해 자기 목숨을 내놓는 것보다 더 큰 사랑은 없다"고 말씀하셨습니다(13). 이와 같이 뜨거운 형제사랑은 일반적인 사랑으로, 먼저 우리를 친구로 삼으신 예수님께서 보기 원하시는 열매이며 기도 응답의 확실한 열쇠입니다. 우리는 나를 친구 삼으신 예수님의 은혜에 대해 진심으로 감사드려야 합니다. 그리고 예수님의 더 좋은 친구가 되기 위해서 형제사랑에 더욱 헌신하는 사람이 되어야 합니다.

요한복음 15:9-17

9 아버지께서 나를 사랑하신 것같이 나도 너희를 사랑하였
다. 이제 내 사랑 안에 머물러 있어라.
10 내가 내 아버지의 계명을 지켰고 그의 사랑 안에 있는 것
처럼 너희가 내 계명을 지키면, 내 사랑 안에 있을 것이
다.
11 내가 이것을 너희에게 말한 것은 나의 기쁨이 너희 안에
있어 너희 기쁨이 가득 넘치게 하려는 것이다.
12 내가 너희를 사랑한 것같이, 너희도 서로 사랑하라. 이것
이 바로 내 계명이다.
13 사람이 자기 친구를 위해 자기 목숨을 내놓는 것보다 더
큰 사랑은 없다.
14 내가 너희에게 명하는 것을 행하면, 너희는 내 친구다.
15 이제 내가 너희를 더 이상 종이라고 부르지 않겠다. 종은
주인이 하는 일을 알지 못한다. 방금 전에 나는 너희를 친
구라고 불렀다. 왜냐하면 내가 아버지께 들은 것을 다 너
희에게 알게 하였기 때문이다.
16 너희가 나를 택한 것이 아니라 내가 너희를 택하여 세웠
다. 그것은 너희가 가서 열매를 맺고, 너희 열매가 항상
있게 하기 위해서이다. 그래서 내 이름으로 구하는 것은
무엇이든지 아버지께서 너희에게 주실 것이다.
17 내 계명은 이것이다. 서로 사랑하여라.

오늘의 묵상

결단과 기도

둘째 날 QT

복음을 자랑하는 이유

복음을 자랑하는 이유 1

본문의 '부끄러워하지 않는다'는 말은 반어적 표현으로 복음을 무척 자랑스러워한다는 의미입니다. 바울은 왜 가장 악한 죄인을 처형하는 사형 틀인 십자가 복음을 이처럼 자랑했습니까? 그것은 이 복음에는 하나님의 구원의 능력이 있기 때문입니다. 당시는 인류역사상 철학이 가장 발달한 때이며, 많은 철학가들이 자신의 가르침을 구원의 약이라고 불렀습니다. 그러나 그와 같은 노력에도 불구하고 그들의 가르침에는 진정한 구원을 이루는 어떠한 능력도 없었습니다. 그것이 비록 도덕이나 교육 등을 발전시킨 것은 사실이지만 가장 중요한 인간의 내면을 변화시키는 데는 완전히 실패했던 것입니다. 모든 인류를 죄로부터 구원시킬 수 있는 힘은 오직 예수님의 십자가 복음에만 있습니다.

복음을 자랑하는 이유 2

바울이 복음에 대해 자랑하는 두 번째 이유는 이 복음에는 하나님의 의가 나타나 있기 때문입니다. 히브리인들에게 의란 도덕적 성질이라기 보다는 법적인 상태를 나타내는 말로, 의인이란 죄가 없는 사람이 아니라 법정에서 무죄 판정을 받는 사람을 의미합니다. 그러므로 본문의 뜻은 복음 안에는, 죗값으로 심판을 받을 수밖에 없는 핑계할 수 없는 죄인인 우리가, 무죄 판결을 받을 수 있는 길이 있다는 것입니다. 로마에는 종교의 백화점이라고 할 만큼 많은 수의 종교가 있었지만 그들에게는 하나님의 공의를 만족시켜 우리를 의롭다 칭하게 해 줄 수 있는 어떠한 것도 없었습니다. 예수 그리스도의 보혈은 죄 많은 우리가 공의로우신 하나님 앞에 입고 나가기에 조금도 부족하지 않은 의의 세마포입니다. 우리가 가진 복음은 참으로 자랑스러운 것입니다.

오늘의 말씀

로마서 1:16-17

16 나는 복음을 부끄러워하지 않습니다. 그것은 이 복음이
유대인으로부터 시작해서 이방인들에 이르기까지 모든
믿는 사람을 구원에 이르게 하는 하나님의 능력이기 때문
입니다.
17 하나님께서 주시는 의가 복음에 계시되어 있습니다. 성경
에 의인은 믿음으로 인하여 살 것이다라고 기록되어 있듯
이, 하나님께로부터 오는 의는 처음부터 끝까지 믿음으로
얻을 수 있는 것입니다.

오늘의 묵상

결단과 기도

셋째 날 QT

성령에 대한 약속과 승천

성령이 임하시면

예수님은 제자들에게 하나님 나라에 대한 분부와 성령에 대한 약속을 주셨지만 제자들의 관심은 아직도 로마로부터 이스라엘을 해방시킬 날이 지금이 아닌가 하는 것이었습니다. 제자들은 하나님 나라에 대한 예수님의 말씀을 이해할 수가 없었던 것입니다. 예수님은 이같은 제자들에게 때와 시기는 너희의 알 바가 아니라고 말씀하시면서 다시 한 번 성령을 구하라고 명하십니다. 그리고 성령이 임하시면 땅 끝까지 하나님 나라를 세우는 예수의 증인의 권능을 받게 되리라고 약속하셨습니다. 이스라엘에게는 여호와의 증인이 되는 특권이 주어졌지만(사 43:10), 그 사명을 감당하는 데는 실패했습니다. 그러나 이 사명을 온전히 감당하신 예수님은 성령을 받은 우리에게 감당할 수 있는 능력과 함께 고귀한 특권을 다시 맡겨주시는 것입니다. 하나님 나라가 임할 정확한 때와 시기는 우리가 알 수 없습니다. 그러나 천국 복음이 모든 종족에게 증거되면 그 날이 올 것입니다. 그러므로 우리가 더욱 힘쓸 일은 성령을 받아서 증인되는 것입니다.

어찌하여 하늘만

본문에는 예수님의 승천 장면이 자세히 기록되어 있습니다. 승천은 순간적인 환상이 아니라 긴 시간 동안 제자들과 여러 증인들의 눈앞에서 실시된 일입니다. 예수님의 승천이 육체를 가진 승천이었음을 증명하는 이 구절들은 여러 이단들의 거짓 속임수들을 확실히 폭로합니다. 예수님은 분명 승천하시던 모습 그대로 육체를 입고 다시 오실 것이며, 은밀하게 오는 것이 아니라 번개의 번쩍임같이 모든 사람들이 동시에 볼 수 있도록 임재하실 것입니다. 한편 제자들은 예수님이 보이지 않게 될 때까지 하늘만 쳐다보고 있었습니다. 그때 두 천사가 나타나 "왜 여기 서서 하늘만 쳐다보십니까?"라고 지적합니다. 그들은 예수님께 부탁받은 중요한 사명이 있다는 것을 잊고 있었습니다. 이에 제자들은 예루살렘의 거처로 돌아와 마음을 같이하여 전혀 기도에 힘쓰게 되었습니다. 기독교는 그저 하늘이나 쳐다보면서 세월을 보내는 도피적이고 염세적인 종교가 아닙니다. 기독교는 뜻이 하늘에서 이루어진 것 같이 땅에서도 이루어지는 일을 위해 전심으로 일하는 적극적인 종교입니다.

오늘의 말씀

사도행전 1:6-14

6 사도들이 한자리에 모여서 예수님께 물었습니다. 주님, 주
님께서 이스라엘을 다시 회복시키실 때가 지금입니까?
7 그러자 예수님께서 대답하셨습니다. 때와 시기는 오직 아
버지의 권한으로 정하신 것이니, 너희가 알 일이 아니다.
8 다만 성령이 너희에게 오시면, 너희는 권능을 받아 예루살
렘과 온 유대와 사마리아와 그리고 땅 끝까지 가서 내 증
인이 될 것이다.
9 예수님께서는 이 말씀을 하신 뒤에 그들이 보는 앞에서 하
늘로 올라가셨습니다. 그가 올라가시는 모습은 구름에 가
려 보이지 않았습니다.
10 예수님께서 올라가실 때에 그들은 하늘만 쳐다보고 있었
습니다. 그런데 갑자기 흰옷을 입은 두 사람이 나타나 그
들 곁에 섰습니다.
11 두 사람은 그들을 향해 갈릴리 사람들이여, 왜 여기 서서
하늘을 쳐다보십니까? 여러분을 떠나 하늘로 올라가신
이 예수님께서는 여러분이 본 그대로 다시 오실 것입니다
라고 말했습니다.
12 그런 뒤에 사도들은 올리브 산을 떠나 예루살렘으로 돌아
갔습니다. 올리브 산은 예루살렘에서 가까워 안식일에도
걸어갈 수 있는 거리였습니다.
13 그들은 예루살렘에 들어와서 그들이 묵고 있던 다락방으
로 올라갔습니다. 다락방에 모인 사람들은 베드로와 요
한, 야고보와 안드레, 빌립과 도마, 바돌로매와 마태, 알
패오의 아들 야고보와 열심당원 시몬, 그리고 야고보의
아들 유다였습니다.
14 이 사람들은 여자들과 예수님의 어머니 마리아와 예수님
의 동생들과 함께 꾸준히 한마음으로 기도하였습니다.

오늘의 묵상

결단과 기도

이름이 이름을 만났을 때

game 1

준비물

★ 종이, 펜

진행

1. 먼저 두 팀으로 나눈다. 각 팀의 참가자들은 종이에 각자의 이름을 적는다.
2. 제한 시간동안 각 팀은 이름 각각의 글자를 조합하여 가능한 한 많은 단어와 문장을 만든다.
   (예: 홍길동, 배영민, 손오공, 이만득, 곽동근, 배철수, 박신양 에서 형성해 본다면, 동공, 손박수, 이득, 공손, 양손, 영양, 수동…등)
3) 글자 수가 5개의 글자로 된 단어부터 1점씩 보너스 점수를 준다.
   (6글자:2점, 7글자:3점. 점수는 게임의 리더가 단어수준의 난이도를 고려해 임의로 지정할 수 있다.)

인간계산기

game 2

준비물

★ 메모지, 볼펜

진행

1. 각 팀별로 메모지에 숫자를 적어 가슴에 한 장씩 붙인다.
2. 리더가 요구하는 숫자를 팀 전원이 협력하여 빠르게 계산을 한다.
3. 세 사람이 합하여 13을 만드세요! 라고 하면 1,5,7의 숫자를 가진 사람끼리 모이거나 2,3,8을 가진 사람끼리 모이면 된다.

도움말

★ 아라비아 숫자 외에도 연산(+, -, ×, ÷)을 넣어서 하면 더 재미있다.
★ 숫자를 완성한 사람끼리 손잡고 반환점을 돌아오게 해도 된다.

종이 눈싸움하기와 미라 청소게임

game 3

준비물

★ 인원의 1/3만큼의 신문 부수
★ 광폭 접착테이프 2개, 호각, 큰통 2개

진행

1. 두 팀을 나눈다. 인원은 최소 6명에서 최대 15명 선으로 동일 숫자가 되게 한다.
2. 테이프로 두 팀의 경계선을 표시한다.
3. 각 팀에 같은 양의 신문을 제공하고 호각을 불면 제한된 시간 내에 신문 공을 만들어 상대방 팀원이나 구역으로 던진다.
4. 적은 양의 신문 공이 자기 구역에 남아있는 팀이 승리한다.
5. 그 후 팀마다 두 명의 대표를 뽑아 미라를 만든다.
6. 미라는 테이프의 접착 면이 바깥을 향하게 하여 머리와 다리를 제외한 나머지 부분을 감는다.
7. 미라가 준비되면 두 팀의 경계선에 서게 한다.
8. 호각을 불면 각 팀에서 한 명이 상대방의 구역으로 들어가 손을 사용하지 않고 몸을 굴려 바닥에 있는 신문 공을 접착시킨다.
9. 공이 어느 정도 붙으면 출발선으로 와서 다른 미라와 교대하고 팀원들은 몸에 붙은 공을 떼서 바구니에 담는다.
10. 제한된 시간에 많은 공을 거둬들인 팀이 이긴다.

도움말

★ 공이 된 신문지는 다시 깨끗이 펴서 재활용폐지로 사용할 수 있도록 한다.
★ 팀별 혹은 조별로 모여 사도행전 20:35, 고린도후서 9:6-7, 갈라디아서 6:7-8을 읽고 많이 주는 것과 많이 거두는 것 사이에는 어떤 관계가 있는지 나누어본다.

memo

memo

memo

memo

memo

memo

저 | 자 | 소 | 개

권지현(kjhgtm@empal.com)

지티엠의 대표이며 다음세대교회 담임목사로 있습니다. 청소년 신앙지 「왕의 아이들」 발행인과 두란노서원 「예수나라」편집장을 역임했으며, 현재 「세계를 품는 경건의 시간 GT」의 편집인과 「주니어 GT, 주티」의 발행인으로 집필을 담당하고 있습니다. 코스타와 유스 코스타의 강사로 섬기고 있으며, 청소년 성경공부교재 〈글로벌틴〉시리즈와 장년 성경공부교재 〈스파크 셀양육〉시리즈를 집필하고 있습니다.

일 | 러 | 스 | 트

강복숭

디자인 멘토링 그룹 HEARTBEE(www.heartbee.com)대표. 주요 클라이언트로는 지티엠, 두란노, 디모데등과 디자인하우스, 풀무원, 대한항공, 삼성그룹, SK그룹 등이 있으며 2005년부터 국제구호단체 월드비전에 재능을 기부하고 있습니다.

이원상

애니메이션으로 본격적인 그림 활동을 시작하여 만평, 동화, 삽화 등 다수 서적에 일러스트를 맡아서 작업했습니다. 현재 지티엠, 두란노, 시사영어사, EBS 등의 출판사 및 방송국 일러스트레이터와 애니메이션 기획, 제작자로 활동하고 있습니다.

청소년 수련회 · 제자훈련 교재

성장 풍성한 열매 맺기

초판 1쇄 | 2008. 7. 24
지은이 | 권지현
발행처 | 지티엠
등록 | 제10-0763호 서울시 광진구 구의동 253-36 3층 GTM
전화 | (02)453-3818
팩스 | (02)453-3819
영업 | (02)453-3848 FAX 453-3836
총판 | 기독교출판유통 (031)906-9191~4
표지일러스트 | 강복숭
내지일러스트 | 이원상
디자인 | GTM 디자인실
책임편집 | 남유림
인쇄처 | 아트프린팅

www.gtm.or.kr
ISBN 89-85447-64-x
ISBN 978-89-85447-64-5